JN408933

인생은
0과 1 사이의 여행

인생은
0과 1 사이의 여행

진 영 학 시집

도서출판 천우

● 序文

아직도 내 마음은
투명 유리병 속에 들어 있는 구슬처럼
사람들에게 다 보이나 보다

꾸미려 해도 꾸며지지 않고
있는 사실대로 이야기하다 보니
때로는 오해를 사고
때로는 이용을 하는 사람도 있지만
그래도 난 좋다

글을 쓸 수 있는 순수한 마음이 내게 있어
오늘도
또 한 권의 시집을 낼 수 있는 것이 아닌가

온 · 오프라인 세상을 넘나들며 가슴으로 다가갈
다섯 번째 시집『인생은 0과 1 사이의 여행』
함께 살아가는 세상 사람들께 바칩니다

2020년 5월
작은 서재에서
菰松 陳榮學

제1부

창틀 너머 그려진 세상

● 시인의 말

제2부

사랑의 불시착

제3부

인연의 고리

제4부

집게에 물린 인생

제1부

창틀 너머 그려진 세상

꽃샘추위

꽃샘추위가
흐르는 세월이 맘에 들지 않는지
횡포를 부립니다

아이 추워
바람이 사람 잡네

봄날의 환영

창문 밖에 서 있는 나무가
봄바람에 맞춰
춤을 추고 있습니다

탱고를 추는가 싶어
자세히 보니
왈츠도 추고 있네요

아직 물오르지 않은 고목
뼈마디가 굳었는지
무게 잡고 구경만 합니다

꼬리명주나비

농업생태원 쥐방울덩굴에
숨바꼭질하는 나비가 있네요

어린 시절 두 팔에서 춤추던
긴꼬리호랑나비

아직도 잊지 않았나 봅니다
그 시절 그리움을

노을

붉게 물든 하늘에
내 마음 새겼습니다

그대가 바라다보면
그리움 삭일 수 있게

봄소식

2층 베란다 창문을 열었어
옥상으로 올라온 목련나무 살피는데
꽃망울이 터질 듯
창문 밖에 봄이 와 있는 거야

밖으로 나가 자세히 보니
창문 틈으로 새어 나간 그리움이었네

사진 촬영

퇴근하는 길에
붉게 물든 하늘을 보았습니다

자세히 보니
호수도 그리움에 불타고 있네요

늦기 전에
그대 가슴에 담고 싶었습니다

시화(詩畵)

태양은 날마다
이 세상에 풍경화를 그려놓고

나는 날마다
그 그림에 그리움을 적어놓고

이른 봄날

창문을 열고 밖을 보니
바람난 목련꽃
꽃봉우리 터뜨리고 있군요

노크 소리에
열리는 문 바라보는데
아내가 봄을 안고 들어오네요

꽃밭에 앉아
이른 봄 가슴 가득 채우고
행복이야기 꿈꾸었습니다

멸치

멸치야, 너는
어느 바다에서 살다 왔니

그곳엔
그리움이 있어도
네 몸이 굳어 갈 수 없겠구나

차라리, 함께
식탁에 자리 잡고
뼈대 있는 집안 이야기나 하자

가르침

새해 아침 밝아오는 마안산 마루
평택호 바라보며 신년 태양 기다립니다

공부해라 노래하시던 부모 말씀
앵무새가 되어버린 내 모습

백 번 천 번 공허한 메아리
귀딱지로 막혀 있을 아이들

빛을 안아주는 호수가 말하네요
말 없는 마중물이 되라고

흡혈귀

모기가 허락받지 않고
손등을 물었습니다

칼을 뽑을 수도 없어
힘줘 잡고 거래했지요

백척간두에 선 삶인데도
붉은빛 터지도록
피를 빨더군요

나는 승낙하지 않았는데
이 무법자 어찌할까요

연애

봄바람에 수양버들
그리움이 닿을 듯 말 듯

내 가슴엔
그대 마음 닿을 듯 말 듯

까치밥

감나무에서 익어가는 홍시
매미채로 따려 했습니다

장대를 하늘 높이 올렸더니
터 잡은 동박새 화를 내네요

혹한기 생명줄
까치밥은 남겨놓고 따가라고

꽃밭에서

울안 꽃밭에
꽃이 피었습니다

꽃보다 아름다운 그대가
그곳에 있지만
세상에서
가장 아름답단 말 못 했습니다

그 말에 놀란 당신
심장이 멎을까 봐

마누라

울안에 꽃 심고
물 주며 자세히 보니
아내의 마음도 따라와
내 가슴에 안기네

보고 또 보고
살며시 들여다보니
당신의 마음이 담긴
사랑이었네

애심(愛心)

날씨야
내가 움츠렸거든
바람은 불지 마라

대문 밖
서성이던 어머니
잔기침에 밤잠 설칠라

용광로

눈 내리는 창가에 앉아
그대 생각에 젖어 듭니다

눈송이가
내 가슴에 앉자마자
사라지는 걸 보면

아직도
사랑의 용광로가
끓고 있나 봅니다

반려견

상미와 로키 중에
어느 녀석이 더 소중할까

상미는 로키 엄마고
로키는 상미 아들이니

로키가 더 사랑스럽겠지만
상미는 엄마 가슴 지녔지

낙엽

아직도 너는
삶의 애착이
살아 있나 보다

긴 겨울
시린 가슴 부여잡고
버티는 것을 보면

꽃비

국제대학교 하꿋길에
꽃비가 내리네요

사람들이 걷는 길에
소낙비가 내리지만

비 맞으며 걸을래요
그대 마음 헤집으며

부평초

개구리가
물가에 앉아 졸고 있네요

사랑하는 님이
손짓하며 부르던 연못

봄볕의 넓은 세상
꿈 여행하나 봅니다

뭐란 말을 할까

그믐달 밤 가로등 아래서 그대를 기다렸어
세상은 온통 암흑에 갇혀
오가는 사람들을 알아볼 수 없는 거야
오지 않는 그대를 위해 무사기도 하지만
내 마음의 밤은 점점 깊어만 가네
어떻게 하면 좋을까 망설이는데
그리움이 다가오는 거 있지
가슴이 가라앉지 않고 있어
가로등 불빛에 이 밤을 맡기고 왔는데
뭐란 말을 할까

월광 소나타

잔잔한 호숫가에 앉아
달빛에 비친 그대 마음 바라봅니다

물결이 일렁이는 평택호
조각배 타고 서정시 써 내리네요

베토벤 피아노 소나타 14번
연주 소리 호반을 맴돌고
내 마음은
그대 가슴 두드리는 까닭에
호수의 밤은 빛나는데

건반 물결은
알프스 로이스강변 작은 도시 루체른
이루지 못한 사랑의 아픔 토해냅니다

인생의 나침판

산을 오르려고
길을 찾아보았습니다

우거진 숲은 아름다웠지만
보이질 않았어요

산속에 들어가 보니
다니는 길 있었습니다

이 길 따라가다 보면
산마루 오르겠지요

아!
왜 이제야 알았을까

부모님과 살아온 삶이
인생의 나침판인 것을

인생무상 1

오솔길 걷다가
올라온 길 뒤돌아보았습니다

나뭇잎에 가려진 세상
발자국마저 지워버렸네요

가지고 온 것은 아무것도 없기에
빈손으로 내려갈 수 있었습니다

행복 꽃밭

울안 텃밭에
아내의 마음을 심었습니다

어머니는
반려견이라 괜찮다며
채소를 심자고 했지만

나는
가족의 행복을 심었습니다

협상

울안 단풍나무 가지에서
텃새들이 집회를 하고 있습니다

산만한 향나무를 전정했더니
집 내놓으라 하는군요

집 안으로 들어와 살자고
문 열어놓을 수도 없어
아직도 협상 중에 있습니다

나의 바람

뜰에서 올려다본 감나무에
홍시를 그렸더니
그 속에 어머니가 보이네요

한 알 매미채로 따서
어머니 가슴에 달아드렸습니다
오래 우리 곁에 계시라고

제2부

사랑의 불시착

시작법

시를 쓰고 싶다는 이와
시작에 대해 논한 적 있지요

세상을 놀라게 할
그런 글을 꿈꾸고 있었습니다

좋은 글도 첫 문장이 중요하니
메모하듯 편하게 쓰라 했습니다

인간의 마음

오래 살고 싶은 노인께
오래 사세요 하면
욕하지 말라 하고요

죽고 싶다는 노인께
죽으라 하면
죽일 놈이 됩니다

삶과 죽음의 경계에
어떤 정답이 있을까

부동산 계약

번지수 적힌 종이 칸에
이름 쓰고 도장을 찍었습니다

일정한 기준 따라 매겨놓은 곳
주인이 되었다 하네요

이제는 어느 곳을 가도
그 땅의 임자라지만

우리네 삶은
이 세상을 잠시 전세 살다
살며시 스쳐 갈 뿐입니다

2막 인생

육십이 넘어봐라

학벌도
지위도
다 부질없다

구십구 세까지
팔팔하게 살려면
건강이 제일이다

진심일까요?

나 좋아해 물었더니
좋은 사람 다 죽으면 좋지

나 죽으면 진짜 좋아 또 물으니
아이고 웬수야라고 합니다

일생을 살아오면서
사랑밖에 몰랐는데

내 가슴에 가득 찬 사랑
아직도 남아있는데

그 마음
진심일까요?

노크

내 마음을 두드리고
문 열어 달라 합니다

갑자기 문 열면
놀란 마음 숨을 것 같아

그대 가슴에
살며시 귀 기울입니다

이승의 무게

삶을 살아오면서
몸무게를 재 보았습니다

욕심을 채울수록
체중계 바늘은 힘겹게 오르네요

내려놔야 가슴이 가볍다지만
영혼의 무게는 알 수 없어요

이승을 비워내면
바늘의 숫자에 변화가 있을까

둥지

이 세상
혼자 살 수 없어
마천루에 삶을 정했습니다

하늘가에
그리운 마음을 띄우면
그대가 다가올 것 같아
가슴을 활짝 열고
희망을 키웠지요

하지만, 인생이란 것이
내 맘대로 되지 않으니
그리움을 찾을 수밖에

막걸리

포장마차에 앉아
막걸릿잔을 기울입니다

어린 시절 술 심부름에
친구 삼던 그 맛

산으로 올라가신 뒤에는
느끼지 못했습니다

애야 부르시던 아버지
오늘 밤 심부름 안 되나요

그리움에 불러봅니다
보고 싶어요 아버지

만남 약속

내 마음에
문자메시지가 왔습니다

그리움은
그대를 마주하고 있지요

보고 싶은 마음이야
가라앉힐 수 있겠지만

내 발바닥은
불이 나고 있네요

이웃사촌

멀리 있는 사촌은
보고 싶어도
만날 수 없어
그리움이 커지고

가까이 있는 사촌은
보고 싶으면
만날 수 있어
그리움을 삭이니

내 가슴은
저울질하네요
그리움을

좋아하나 봐

그대를 본 순간
가슴이 떨려오는 것을
어찌할까요

만날 때마다
숨이 막혀 오는 것을 보니
그대는 내 맘에 갇혀
그리움을 키워주었나 봅니다

아프리카노

아내의 공간에서
커피를 내립니다

마음 담은 한잔 건네주며
아프리카노 들라 합니다

아직은 때가 이른데
사랑도 몰라보면
어찌해야 할까요

아메리카노
뉴런에 삽입시켜줄 수밖에

코로나19

온 세상
발칵 뒤집어놓은 전쟁터
어머니와 손잡고 다녀왔습니다

지난밤
공포를 불러일으킨 바이러스실
다녀올 생각에 잠 못 이루었지요

목숨도 중요하지만
아프지 않게 사는 삶 택한 후
완전무장하고 전쟁을 치렀습니다

편지 1

내 마음을
흰 백지에 꾹꾹 눌러썼습니다

살짝 쓰면
그대 가슴에 닿기도 전에
그리움이 지워질 것 같아서

기다림

마음이 읽힐까 두려워
말 못 하고 기다렸습니다

그대 눈치채면
아니 올 것 같아서

행주치마

당신이 오신다 하기에
나는
행주치마 풀었습니다

가슴 가린 사랑을
당신이
느낄 수 없을 것 같아서

그리운 마음 털어내고
거울 속 얼굴
찬찬히 들여다보았습니다

선물

감사한 마음을 담아
우체국에서 택배를 보냈습니다

그대가 기뻐할 생각에
내 가슴은 뛰었지요

나를 보낼 수 없어
이 마음 가득 담아 보냈습니다

문자메시지

그대가 그리울 때에는
문자를 보내겠어요

편지로 보내면
내 마음이 식을까 봐

배움의 길

단단한 의자에
교육받으려고 앉았습니다

강의가 이어질수록
의자의 무게가 무거워지네요

눈까풀도
무게를 더하는 것을 보니

공부하기란
쉬운 것이 아닌가 봅니다

지랄 총량의 법칙

지랄도
떨 때가 있다 하더이다

한평생 살면서
순하게 살 수만은 없나 봅니다

분별없는 지랄은
코흘리개 어린 시절
그때가 제격인 것 같아요

나이 먹은 지랄은
기다리는 것 알잖아요

수갑이며
하얀 집이며
이웃들의 따가운 눈총

지랄도 총량이 있나 봅니다

포도밭

밤마다
하늘의 별들이 내려와
꿈을 심었나 봅니다

내 희망이
영그는 가슴에는

청소

책상 위의 손자국
휴지로 닦으면
유리면이 깨끗해지고

가슴에 난 상처
내 사랑으로 닦으면
그대 마음 밝아지고

그런 뜻이 기뻐요

가슴 울리는
한 편의 시를 보냈습니다

읽고
또 읽었나 봐요

그 글이
눈물을 흘리나 봅니다

마중물

그대가 이끌어 주어야
다가갈 수 있고
내게로 다가와야
이끌 수 있습니다

내가 마음을 열면
막힌 마음 열리고
그대의 마음이 열려야
함께할 수 있습니다

작은 펌프에서 만나
커다란 바다를 이루듯
세상 끝까지의 동행이
행복한 만남 아닌가요

사람의 마음이란

카페에서
아메리카노 커피를 마십니다

한 잔에
밥 10공기 값이 책정되었네요

시장에서
콩나물 가격도 아까운 분들인데

계산대에서
깎자고 하는 사람이 없는 걸 보면
너는 상류사회에서 공부했나 보다

기도

서재에서
명상음악을 들으며 기도한다

오늘 얻은 새로운 하루
내 발걸음 따라
배부른 욕망의 유혹 털어내며
낮은 곳을 바라볼 수 있게

평생을 살아온 날들 탐욕으로 인해
덧없는 하루살이가 되지 않고
먼 훗날
이끼 낀 돌비석에 이름 석 자 챙기지 않게

실바람에도 쉬 날아가는 거품 인생
부풀어 오른 공갈빵의 허전함이 아닌
오늘 하루 최선을 다해 베풀 수 있게

청혼 1

그대 텅 빈 가슴에
반지를 끼워주었지요

놀란 가슴 크게 뜬 두 눈에
이 마음 가득 담겨 있더군요

내 가슴에도 반지를 끼고
인생길 동행을 꿈꾸었습니다

꽃 나들이

그대 그리움에
꽃 나들이 준비했습니다

나들이객들은
꽃향기에 취하겠지만

나는
그대에게 취하겠습니다

묵은지 사랑

집안일을 진두지휘한 아내가
깊은 잠에 빠져있습니다

업어가도 모를 정도인 것을 보면
심신이 전쟁을 치른 듯 보이네요

깨우려다 꿈나라에서 편히 쉬라고
살며시 이불을 덮어주었습니다

사랑의 불시착

내 가슴에
한 여인이 다가왔습니다

사랑을 버무리며
아름다워졌어요

알껍질 깨기 위한 마음에
사랑의 묘약이 있나 봐요

허락 없이
내 마음에 내려앉은 걸 보면

생의 반추

술상을 차려온 아내와
술잔을 기울입니다

한 잔 술에
님의 가슴 맞이하고

두 잔 술에
님의 마음 꺼냅니다

술잔이 돌며
오늘 밤을 마셔봅니다

사랑이 익어가는
그대와 함께

제3부

인연의 고리

아내에게 하고 싶은 말

당신 모습 바라보니
얼굴에 지난 세월이 가득 담겨 있어
자세히 보려고 안경을 썼는데
가슴에 감춰놓은 그 말이
두방망이질하는 거야

낯간지럽기도 하고
얼굴이 붉어 오기도 해서
어쩔 수 없이 공개해야겠어

여보,
사랑해요

작은 전시회

어머니가 차려주신 밥상에는
긴 세월 손맛에 고민했나 봅니다

가족들 건강식을 찾아보고자
무던히도 애쓰셨던 그때 그 마음

오늘 아침 식탁 위에서
가족들 건강 위해 전시회를 갖습니다

화날 땐 말하지 마라

창을 넘어오는 소리가
활활 타고 있었습니다

큰불 끄고 물어보니
화를 부추겨 그랬다네요

세 치 혀에 덴 그 상처
어떻게 치유해야 되나

고향 2

어머니의 품속은
언제나 따스하다 했지요

파뿌리 머리로 다가가
당신을 안아드리려 하니
가슴이 허전하군요

손때 묻은 체취만 느껴도
그리움에 사무치는 가슴
어쩔 수 없나 봐요

고향하면
맨 먼저 떠오르는 생각
어머니 아닌가요

이어폰

마음에 담아둔 전화에
이어폰 귀에 끼웠습니다

그대가 울려준 가슴
아직도
설레임으로 가득한데

혼자서 귀 기울입니다
그대 마음
누가 엿들을까 봐

편지 2

그대여 이사 가거든
도로명 주소 보내주오

짝사랑하는 이내 마음
우편배달 보내게

그대여 인터넷 되거든
이메일 주소 보내주오

온라인 세상 가상공간에
우리 역사 남기게

질투

시를 읽던
님의 얼굴이 붉어졌습니다

시구절 단어들이
속마음 엿보았나 봐요

살며시 눈감고
못 본 체 하였습니다

인생무상 2

눈에 넣어도 아프지 않은
손님들이 놀러 왔습니다

젊은 시절에는
나이 먹는 것이 좋아서
살짝 올리곤 했었는데

하늘이 흐리게 보이면서
재롱이라도 오래 보게
세월이 멈추었으면 했지요

시 창작

별들이
잠자리에 들 시간에 일어나
시작법 공부를 하였습니다

브로카 영역 이야기들이
비엔나소시지처럼
줄줄이 엮여 나오더군요

나는 써 내린 글을
컴퓨터 화면에 띄워놓고
베르니케 영역 해부했습니다

시작(詩作) 1

서재에서 산통을 겪었더니
머리가 아파오네요

손끝으로 받아 적은
산도를 타고 온 글자
원고지에 해산합니다

살며시 내려다본 원고지
오늘 새벽 밝힌 동창
그대 가슴 흔들려나 봅니다

시작(詩作) 2

손바닥만 한 서재에
쇼팽의 즉흥환상곡이 흐릅니다

숨겨진 보따리 풀어보려고
잔잔한 가슴 깨웠지요

콩나물 음계는
선을 타고 넘나들고
음률은
물결치며 춤추는데

음악에 취한 내 가슴
원고지 빈칸에 발자국 남깁니다

사랑의 아픔

한 여인이
내 가슴 도려내고 떠나갔습니다

날 생각하는 맘 너무 깊어
검은 머리 파뿌리 되도록
죽는 날까지 해로할 줄 알았지요

그러나 그녀는 떠나갔고
내 가슴은 홀로 남아
가슴앓이에 시달립니다

하루라도 빨리 잊어야
마음의 상처 깊지 않을 텐데

사랑이란
아픔이 공부시켜주는가 봅니다

인생은 0과 1 사이의 여행

유모차 의자에
노파가 앉아 핸드폰을 하네요

아직도
불이 꺼지지 않은 생의 길

0과 1로 탄생한 컴퓨터도
그 길 모른다 합니다

인생은
어느 숫자 여행일까

마음 비우는 삶

살다 보면 상처를 주는 사람은
살 비비며 사는 사람이더이다

못 본 척 눈감아 주면 넘어갈 일도
그대의 허물이요 잘못이라는 논리
오랜 세월 이어 왔지요

나는 당신께
꼭 하고픈 말이 있습니다

당신을 다치게 하는 것은
당신의 마음 때문이라서
결국 당신이
당신을 해한다는 사실을

세상 번뇌 다 비우시고
텅 빈 가슴으로 살아가면 좋겠습니다

평생을 함께한 분과 그 누구에게
인정받으려 하지 마세요

인정받는다는 것도
잠시 마음의 위안만 받을 뿐
인생살이는 그마저 허상이외다

인연의 고리

그게 무엇이라고
다 주려 하는가

그게 무엇이라고
다 받으려 하는가

결국
그게 무엇이라고
다 주고받는가

왜 죽어, 바보같이

이보시게
그대가 죽는다면
그대 어머니의 슬픔 얼마나 클까

그대는 한 번쯤
그대 어머니께
최선을 다한 적이 있는가

살자는 맘먹으면
얼마든지
웃으며 살 수 있는 세상인데

왜 죽어
바보같이

금수저 선물

늦깎이 총각이
장가를 들었습니다

살아오면서 지은 마음 빚
금수저 두벌로 갚았지요

사랑을 볶으며 살란 말에
두 눈이 감격해 하더군요

결혼 선물로 주고 싶었는데
가슴이 애달팠습니다

이제라도 주고 나니
내 가슴이 후련해지는 건
어떤 이유 때문일까요

어머니

늙으신 어머니
어린아이 되셨네요

말 듣지 않는다고 잔소리 늘지만
불효자가 되어도 어찌할 수 없어요

살아계신 것만도 나에겐
커다란 축복이니까요

정이란

울 넘어오는 소리
알 수 없어요

어제는 총소리 울리더니
오늘은 노랫소리 들리네요

정이란
칼로 물 베기 맞는가요?

덜 익은 사랑

날 좋아하는지 확인하려고
마음을 훔치려 했습니다

그대가 놀라
뒷걸음질 치는 걸 보니

숙성이 덜 된
사랑의 표현인가 봅니다

첫 만남

오늘을 함께 걷던
노을 바닷가
하늘이 아름다웠습니다

그대 모습이
한 점 초상화인 것 같아
손잡을 수 없었습니다

내 마음에 물감 묻으면
그대 가슴으로 번질까 싶어
그냥 바라만 보았습니다

청혼 2

노래방에는
부를 노래 참 많았습니다

가슴을 열고
그리운 마음 노래했어요

제멋에 겨운 곡조는
선율 따라 춤추는데

놀란 가슴 아직도
내 마음 안고 건나 봅니다

목련꽃 터지던 시절

아침 일찍 가방을 메고 학교에 갔어
교실에는 친구들이 아직인 거야
걸레를 들고 책상을 닦는데
낙서글이 내 가슴을 건드는 거 있지
깨끗이 지우려다 다시 읽어보니
미지의 세계 글이 가슴을 뛰게 했어
누가 볼까 주위를 살피고
그 글에 빠져 있는데
교실 문이 힘차게 열리지 뭐야
들어온 녀석이 뭐 하냐고 묻길래
봄바람에
목련꽃 터지는 소리 듣고 있다고 했어

보약

아내가 철들라는 말
가슴을 열고 받아들이면
가정의 행복이 밀려오겠지

내 인생길 동행에는

당신 멋져

한 잔 술을 마시며
건배사를 들어봅니다

당당하게
신바람 나는 멋진 세상
운율에 담았어요

져주며 살다 보면
언젠가는 이해해 주겠지요
이 마음을

알고 있었나요

가슴속에
마음이 둥지 튼 지
오래되었나 봅니다

그대여
무전취식 사실
알고 있었나요

하는 일

정치인은
머리 아픈 일들을 해결하지만

시인은
가슴 아픈 일들을 해결해 주고

나는
마음 아픈 일들을 해결해 줍니다

행복의 지름길

그대가 하는 말 듣고 싶어서
귀를 열었습니다

어제보다
오늘이 행복했고
내일은 더 행복할 거라고

멋진 인생 살아가는
행복의 지름길은
긍정적인 언행 아닐까요

풋사랑

솜털을 벗지 못한 시절
부드러운 손을 잡았습니다

두 눈만 마주쳐도
세상을 다 얻은 듯 좋아했지요

지금 와서 생각해보니
가슴에 설익은 씨앗 심었군요

20200202*

1000년에 한 번 오는 날에
생일상 받았습니다

신기하게도 앞뒤가 똑같은
행운의 날이라고
소원을 빌라 하네요

오늘을 50대로 살며
건강한 가정 꾸리고 사니
이 또한 행복이 아닐까요

* 20200202 : 2020년 02월 02일

처음처럼

한 잔 술을 마시며
그대 얼굴 바라보면
술맛이 점점 더 좋아지고

처음 만나 맺은 약속
죽는 날까지 지켜주면
마음의 평안이 이루어지고

화두

끊임없이 되물었습니다
삶이란 무엇이냐고

그 무게
너무도 무거워
님의 가슴도 떨리겠지만

그래도
해결될 줄 알았는데

삶이란
살아있는 사람의 마음에
중요한 생각할 거리가 아닐까

고향길

나 고향길 향하거든
황금 지폐 한 장 건네주오

배춧잎 좋아하시는 어머니
행복 한 아름 안겨드리게

앱 설치

그대와 이야기하려고
핸드폰 화면에
우체통을 설치했습니다

좋아하는 님에게
수시로
소식을 전할 수 있어 좋지만

그리운 맘 익지 않고
풋내음 오가는 것 같아
사랑의 깊이가
약해지지는 않을는지요

제4부

집게에 물린 인생

집게

서류를 철하다가
밀려나온 한 장
가지런히 정리해 묶었습니다

그 서류에
당신 마음 있다면
내 가슴에서 빠져나갈까 봐

오이

비닐하우스 안에서
오이가 커가고 있습니다

다 자란 오이
치마폭에 담았더니
어쩌려고 그러냐 물어오네요

손맛에 길들여진 이 오이가
그대였다면

편지 3

우체부가
님 소식 배달 왔습니다

집 지키던 반려견
내 사랑
독차지하고 싶은가 봐요

바짝 치켜세운 꼬리
그리움 애태웁니다

리모컨

내 마음을 눌러주면
좋겠습니다

사랑하는 마음 눌러주면
더 좋겠습니다

어쩌다 잘못 눌러
그리움이 생기면
그대를 그리겠습니다

편지 4

편지를 읽다가
잠깐 눈을 감았습니다

따라온 글들이
그대 모습으로
내 가슴에 박히네요

눈을 뜨고 다시 보니
그대의 그리움이
내 마음을 흔듭니다

인공지능

바이러스가
내 과거에 잠금장치 했습니다

열쇠를 받으려면
요구 조건 따르라 하네요

사랑했던 그리움도
기억이 가물가물한데
누군가
내 일상을 들여다보나 봅니다

인공지능이 발달한 미래의 삶
어떻게 될까요

연필

연필로 글씨를 쓰다가
연필심에
침을 왜 묻혔는지 알아

흐리게 쓴 사연
그대 가슴에 닿기도 전에
지워질까 염려스러워

서정리역

기차가 떠난 플랫폼에
그대가 오면 만나려고
역사(驛舍)에서 기다렸습니다

기차는 오지 않고
기다림을 채워줄 사람은
그대밖에 없다는 것

서정리역 나무의자에 앉아
빈자리 남겨놓았습니다

하루살이

오늘 하루
최선을 다해 살아보렵니다

노력하다 보면
좋은 날 오겠지요

"내일 지구가 멸망해도
 오늘 한 그루 사과나무를 심겠다"

참!
좋은 명언이네요

식물공장

비닐하우스에서
딸기가 예쁘게 커가고 있습니다

하지만 지금은
우주공간 농법을 꿈꾸고 있어요

인공상토에서 잘 자라는 것을 보면
미래 식물 생산 헛된 꿈 아니잖아요

카페 모가

한적한 고을 외딴 터 술래잡이 하는
저 작은 한옥집은 누구의 삶이었던가

어깨춤 걸린 낮은 돌담 기와 위 와송은
누구를 기다리며 하늘 향한 손짓 인가

150년생 사각 뼈대가 드러난 스머프집
누구의 인생을 이야기했던 곳인가

단기 4288년 12월 12일 오시
미래의 꿈 펼칠 공간 얼마나 행복했을까

서까래엔 불 밝히러 내려온 천사들이
묵이 노랫소리 꽃향기에 주인장과 취하고

모과나무 아래 방긋 웃는 도라지꽃 잔디밭
부처님 성모마리아님 예수님도 쉬어가는 곳

때론 세파에 때 묻은 소풍 나온 참새들
한 잔의 찻잔 속에 이야기 엮는 곳

평택 농부 카페에서

농부 카페에는
국산차만 있는 줄 알았는데
온갖 마음이 준비돼 있네요

콘크리트 숲에 갇혔던
그들의 속마음 엿볼 수 있고요

다 비워낸 가슴으로
푸른 세월 담아 가네요

친환경 농업

두엄자리에
풍년 농사 쌓은 적 있지요

효소며 막걸리 부어주며
내 마음도 발효시켰습니다

효과 빠른 비료들 있지만
지력 증진에 필요하거든요

잘 익은 퇴비 넣어주며
바른 먹거리로
백세시대 함께 하겠습니다

믿음

멋진 차는
누구나 태울 수 있지만

사랑하는 님만
내 가슴 흔들 수 있지요

땅콩 이삭줍기

땅콩밭에서
이삭줍기 한 적 있지요

밭 전체를 갈아엎고 싶었지만
월동준비 생명들 떠올랐습니다

내 간식 채우자고
들짐승 먹이 빼앗으면 안 되는데
마대자루로 자꾸만 눈이 가네요

님이여
봄날로 뛰어넘으면 안 될까요

개숫물

날마다
개숫물에 손이 불어도
나는 행복합니다

그대 가슴에
사랑을 담아드릴 수 있어서

아내

서재 문을 열었더니
사랑 이야기 가득 차 있네요

어떤 사랑을 찾을까 하다가
살며시 문을 닫았습니다

나에겐
당신밖에 없으니까요

저울

사랑을
저울에 올려놓지 마라

목숨 바친 사랑의 눈금이
하늘 끝까지 움직이더냐

사랑을
저울에 올려놓지 마라

숭고한 정신의 눈금이
온누리 곳곳에 울리겠느냐

추어탕

가스레인지 위 뚝배기에서
맛있는 냄새나네요

정성스레 끓였지만
조금 싱겁네요

아~
아직
아내의 사랑이 끓지 않았군요

원두막

원두막에 누워
까만 하늘을 보니
별들이 빛났습니다

두 눈을 감고
마음을 들여다보니
당신 모습 걸려 있네요

눈 뜨면 그 모습이
사라질 것 같아
꼬옥 감았습니다

선물

내일이면
새 달력의 하루해가 떠오르네요

날마다 가슴으로 지워 넘긴 364일
끝자락에 매달린 낙엽 같은 하루

내 나이 ㎞수 따라
브레이크 없는 세월 흘러가는데

살짝 엿보는 경자년 새 달력
365일 선물을 준비했나 봅니다

꽃밭

겨우내 온실에서 자란 꽃
아내의 놀이터에 심었습니다

아내 마음 심으며
틈틈이 내 마음도 심었지요

꽃 피는 계절이 오면
예쁜 꽃 피지 않았으면 좋겠습니다

내 가슴에
아름다운 꽃 피어 있으니까요

오이 마사지

온실 안 오이
내 마음에 담았어요

싱싱하게 포장해서
그대에게 보냈지요

예뻐진 얼굴
보고 싶어서

그 농장에는

무궁화나무를 심고 키우는
그 여자
교육자로서 인재를 양성한
그 교수

지난 세월 삶이 싱거웠나
돔하우스 안에서
맺은 인연 열정 펄펄 끓여
나라 사랑 앞장서네요

우리나라 꽃 무궁화 사랑
경제 논리는 여행 갔지만
어찌할 수 없나 봐요
한민족의 피가 흘러서

둥굴레차

새해 농업인 실용 교육장에서
둥굴레차 한 잔 받았습니다

추위에 얼어붙던 내 가슴이
눈 녹듯 녹아내리는 걸 보면

찻잔 안에
그대 정성 가득 담겨 있나 봐요

독서

스탠드 전등에 불을 켰어
불빛에 책 속의 글들이 살아 움직이네
책을 덮으려다 동선을 따라가는데
자꾸 궁금해지는 거 있지
밤늦도록 책장을 넘겼더니
그 이야기가 내 마음을 가져갔어
아직 다 읽지 못했는데
어쩌면 좋지

담배꽁초

서정리 시장 안 화장실에서
연기가 자욱하게 피었습니다

시장 보러 온 손님들은
대수롭지 않게 불구경했지만

공녹을 먹는 머슴이라서
살기 위해 터 잡은 상인이라서
가슴을 쓸어내렸습니다

철부지 도깨비불
산야를 떠나
몰래 화장실에 숨어들었나 봐요

꺼진 불도 다시 보자
도깨비방망이 두드립니다

라르고(Largo)

음악의 어머니 헨델이
작곡한 곡 연주합니다

메트로놈 박절
1분 동안
40에서 69로 춤추네요

느리지만 폭넓은 연주
멜로디에 차분한 마음
꼭꼭 숨겼나 봐요

송탄역

더블백 메고 온 미군이
송탄역 가파른 계단
군홧발로 오릅니다

전쟁은 끝났어도
종전의 약속이 없는 땅

외국어가 낯설지 않은 도시에
쉼 없이 오르내리는 전철
이 나라 평화 실어 나릅니다

대청소

내 마음의 창에 먼지가 앉아
세상이 흐릿하게 보이는군요

겨우내 먼지가 쌓인 걸 보면
추위가 오랜 시간
방안을 엿보았나 봐요

물 호수 가슴을 열고
구석구석 닦아주었더니
창문이 환하게 웃고 있네요

에덴동산

산을 오르고 있는데
마음 한 자락이 따라왔습니다

중턱부터 혼자 오를까 하다가
함께 동행하기로 했지요

정상에 올라
살아온 세상을 내려다보니
그곳이 에덴동산이었습니다

문학세계대표작가선 928

인생은 0과 1 사이의 여행

진영학 시집

인쇄 1판 1쇄 2020년 6월 12일
발행 1판 1쇄 2020년 6월 19일

지 은 이 : 진영학
펴 낸 이 : 김천우
펴 낸 곳 : 도서출판 천우
등 록 : 1992. 2. 15. 제1-1307호
주 소 : 서울시 성동구 무학봉28길 6 금용빌딩 2F
전 화 : 02)2298-7661
팩 스 : 02)2298-7665
http://moonhak.wla.or.kr
E-mail : chunwo@hanmail.net

값 12,000원

ISBN 978-89-7954-815-0

이 도서의 국립중앙도서관 출판예정도서목록(CIP)은 서지정보유통지원시스템 홈페이지(http://seoji.nl.go.kr)와 국가자료공동목록시스템(http://www.nl.go.kr/kolisnet)에서 이용하실 수 있습니다. (CIP제어번호: CIP2020023465)